Herausgeberin, Redaktion, Copyright :
Hannelore Mishal
Bobendörp 30
17111 Meesiger

Fotos :
Heide Michel,
Hannelore Mishal

Satz :
Nils Michel

Herstellung :
Books on Demand GmbH, Norderstedt

Erstausgabe 2007

ISBN 978-3-8334-8567-1

Hannelore Mishal

Das Rauschen der Bäume

Gedichte aus meiner Jugendzeit

Ein paar Worte an die Leser dieses Buches.

Als ich noch ein junges Mädchen war, löste jedes Gedicht, das mir einfiel, ein großes Glücksgefühl in mir aus. Es war mir so, als wäre jeder Tag, an dem ich keins geschrieben hatte, irgendwie ein unerfüllter Tag.
Viele dieser Gedichte befinden sich in diesem Buch, aber auch die der späteren Jahre haben hier einen Platz gefunden.
Anfangs hatte ich die Gedichte nur für mich allein geschrieben. Sie fielen mir ein, manchmal zu den unmöglichsten Zeiten, und mußten aufgeschrieben werden.
Nun freue ich mich, sie in einem Buch versammelt zu sehen.
Ich wäre glücklich, wenn sie Freunde finden würden.

Meesiger, im Juni 2007

Hannelore Mishal.

Das Rauschen der Bäume

Wenn die Bäume leise rauschen
muß ich träumen, muß ich lauschen…
Meine Seele wird so weit –
Und das Rauschen nimmt sie leise
mit auf eine weite Reise
bis ans Tor der Ewigkeit ….

Die alte Laterne

Unter der alten Laterne
steh´ ich oft und gern,
wenn in unendlicher Ferne
funkelt Stern bei Stern.
Und in der nächtlichen Stunde
fängt sie zu plaudern an,
schaut so verträumt in die Runde,
leuchtet, so schön sie kann.

Sie plaudert von diesem und jenem,
von Lärm und Kinderspiel,
von Freud´ und Leid und Schönem,
was ihr zumeist gefiel.
Sie steht ja mitten im Leben,
sie hat so viel geseh´n.
Das hat mir zu denken gegeben - -
Schön war´s, bei ihr zu steh´n.

Man hat die Laterne gefället,
weil sie so hässlich wär´
und weil sie die Straße verstellet –
Ihr Platz ist heute leer.
Nun hängt eine Ampel hoch droben
und scheint auf diesen Ort.
Die tut so stolz und verschroben –
Die sagt kein einzig Wort.

Frühlingsfreude

Frühlingsatem geht gelinde,
nur ein Hauch ist´s, süß und leise,
und in jedem jungen Winde
schwinget zärtlich eine Weise,
spricht es nur von Lieb´ und Güte,
weckt den Grashalm und den Baum,
und in jeder kleinen Blüte
schläft ein großer Frühlingstraum.

Und aus jedem frohen Kinde
lacht ein Frühling uns entgegen.
Blüten, Kinder, Frühlingswinde
gibt es nun auf allen Wegen
Sollte da mein Herz nicht singen
in den jungen Lenz hinein ?
Freude – Freude möcht´ ich bringen
möchte selbst der Frühling sein !

.

Auf dem Dorfplatz

Der Dorfplatz schläft im blanken Morgenschein
in seiner kleinen stillen Häuser Kranz.
Wie blinken hell im lichten Morgenglanz
die buntumrankten muntren Fensterlein.

Die Linde in der Mitte steht so breit
und wuchtet ihre Äste in die Luft.
Aus ihrem Laub strömt lockend süßer Duft
und kündet ringsum reiche Blütenzeit.

Der Himmel ist so klar wie blaues Glas .
Ein scheues Lüftchen rührt und regt sich kaum .
Die Bienen summen um den Lindenbaum.
Leis´ rieseln Blüten nieder in das Gras.

Und sonst kein Laut , kein leiser, weit und breit....
Wie still – wie friedlich und so traumesschön ....
Und durch des Tages lärmendes Geschehen
trag ich den Frieden dieser Morgenzeit.

Vorm Einschlafen...

Schlaf – dunkler Tröster –
beuge dich über mich –
laß an deinem schweigenden Herzen
mich glücklich träumend ruh´n...
Halte mich sanft und gut –
Hingesunken
in deine Stille,
ganz dir gehörend
verharre ich und habe keine Gedanken,
kein Wünschen – kein Sehnen – nur Ruhe...
tiefe – wunderbare Ruhe
bis der helle Morgen
zurück gibt, was ich vergaß.

Nacht – dunkle Mutter,
neige dich zu mir,
dass in deinem Haar,
dem weichen – losen
all die tausend gold´nen Sterne blitzen.
Nimm meine Sehnsucht, mein Hoffen
in deine linden Hände,
laß alles vergehen in deiner Dunkelheit...
Du bewahrst es gut, bis der neue Tag beginnt.
Der trägt auf schwingenden Flügeln
meine Hoffnung aufs Neue ins Licht.

In einem Obstbaumgarten

Ein Schweigen, groß und träumeschwer
ruht auf den grünen Blättern –
Es spricht von Regenwettern
und lichtem, gold´nen Sonnenmeer,

von zartem, süßen Drosselsang ,
von rauhem Sturmeszausen
und kalter Nächte Grausen,
auch von der Bienen stillem Dank.

Es spricht von strenger, harter Zucht,
doch auch von Lieb´ und Güte,
von Knospe und von Blüte,
von sonn- und leidgereifter Frucht.

Ich geh´ dahin und spreche nicht,
und stille Winde wehen …
Ich suche zu verstehen,
was dieses große Schweigen spricht.

Rast im Wald.

Durch die Wiesen, durch die Felder
schreite ich mit schnellem Schritt,
trete in die dunklen Wälder –
Alles schweigt – ich schweige mit.

Streife ab die Wanderschuhe,
Schatten lockt zu kühler Rast…
Tiefe Stille – süße Ruhe
liegt auf jedem Zweig und Ast.

Langsam sinkt die Sonne nieder,
malt den Wald in letztem Gold.
Durch die Stille klingen Lieder
einer Drossel, süß und hold.

Und ich lausche…und ich schweige
und ich atme tief und schwer –
Durch die Gräser, Blumen, Zweige
rauscht das Leben um mich her,

Rauscht´s wie heilige Gesänge
aus der Ewigkeiten Traum –
Aufgelöst in Feierklänge
flieht mein Herz aus Zeit und Raum…

Sehnsucht

Sieh, der Himmel will sich neigen
traumesschwer zur Erde nieder,
Schatten tanzen dunkle Reigen –
Nachtwind säuselt Märchenlieder –

Wolkenweit vondannen ziehen
will mein Herz, das Mondlicht trinken –
tausend Jahre rückwärts fliehen,
in der Zeiten Born versinken –

Tausend Jahre vorwärts eilen
in der Zukunft blaue Fernen –
Still am Wolkensaum verweilen,
Stern sein unter andern Sternen....

Was will´s noch? Ich kann´s nicht sagen,
fremd ist mir sein qualvoll ´ Beben –
fremd ist mir sein schluchzend´ Fragen –
Kann ihm keine Antwort geben ---

Lebensfreude

Heut´ ist ein rechter Sonnentag,
ein Tag nach meinem Herzen.
Tot und begraben Sorg´ und Plag´,
vergessen Müh´ und Schmerzen.
Ein Tag mit gold´ner Maienluft
und buntem Farbensprühen.
Auf höchstem Berg – in tiefster Kluft
Will alles blühen – blühen !

Und in den Blüten steh´ ich froh
und jub´le in die Sonne !
Möcht´ blühen – blühen ebenso
in dieser Frühlingswonne !
Ich möcht´ die Mutter – die Natur
nicht schrecken und nicht stören,
möcht´ in die blumig bunte Flur
selbst mit hineingehören.

Mein Herz ist wie ein Vögelein,
ein Wölkchen in den Weiten,
das segelt durch den Sonnenschein
bis in die Ewigkeiten….
Ach – ist das heut´ ein Freudentag !
Da muß ich singen – singen –
Mit Finkenruf und Drosselschlag
dem Tag ein Danklied bringen.

Erinnerungen

Es schäumt ein dunkler Bronnen....
Traumselig lieg´ ich wach
und lausche still versonnen
und sinn´ dem Rauschen nach...

Denn was mein Herz gesungen
in sel´ger Kinderzeit
und was darin geklungen
in Freude und in Leid,

sein Seufzen und sein Fragen
hallt in dem Bronnen nach,
sein Jubeln, Jauchzen, Klagen
wird in dem Rauschen wach.

Ich lausche still versonnen,
und Traum auf Traum entflieht,
doch schäumt der dunkle Bronnen
noch fort und fort sein Lied...

Ich kann es nicht ersticken,
mein Blut ist´s, das so rauscht,
mein Herz, das mit Entzücken
dem eig´nen Liede lauscht –

Ach – fände ich doch Töne
Und Worte nur dafür –
Ich formte nach das Schöne –
Dann würd´ es still in mir.

Träume

Das junge Mädchen sinnt und träumt,
lässt bunte Phantasien blühen,
es träumt und wünscht und dichtet – reimt
und sieht die Welt im Goldglanz sprühen.
Es harrt der Wunder, fern und blau,
die einmal sich vor ihm entfalten,
ins stumpfe, kalte Erdengrau
malt es sich liebliche Gestalten.

Doch aus dem Kind wird eine Frau,
und alle Träume schweben leise
um eine Wiege, klein und blau
in ihrer schönen, trauten Weise .
Und diese Träume schweigen scheu
und andächtig und sterben stille,
um in des Kindes Herzen neu
heranzublüh´n in goldner Fülle.

Zu den beiden folgenden Gedichten möchte ich ein paar Worte sagen.

Ich war siebzehn Jahre alt und wohnte in einem kleinen Dorf.

Der vierjährige Junge einer einfachen Landarbeiterin hatte im Garten einen Strauch mit schwarzen Nachtschattenbeeren gefunden, hatte sie gepflückt und aufgegessen. Er ist daran gestorben, die Mutter war ganz verzweifelt in ihrem Schmerz. Aber zu meinem Schrecken fand sie in ihrem Kummer nur die Worte :" Ach, hätte Ich dich doch lieber im ersten Badewasser ersaufen lassen !"

Ganz verstört ging ich nach Hause. Hätte man dem kleinen Jungen nicht andere Abschiedsworte mit auf den Weg geben können ? Solche Worte kamen mir in den Sinn, und da schrieb ich diese beiden Gedichte.

Verwaiste Mutter

Du gingst von mir, mein Kind –
Früh hast du mich verlassen…
Wie immer streicht der Wind
durch Straßen und durch Gassen –
Der Sonne gold'nes Licht
fällt durch die Scheiben nieder –
Nur du – mein Kind – kommst nicht –
Nein – du kommst niemals wieder.

Die Wunder aller Welt
wollt' ich dir fröhlich zeigen,
und was dir nur gefällt
sollt' alles sein dein Eigen.
Durch deiner Augen Schein
und durch dein frohes Lachen
wollt' ich belohnet sein,

Nun bin ich arm, mein Kind,
verwaist umkreist mein Denken
dein leeres Bett, mein Kind
und schwere Schatten senken
sich dunkel auf mein Herz,
und grau sind meine Tage,
sind angefüllt mit Schmerz,
mit todeswunder Klage !

Mein Kind – du gingst von mir – du schläfst im kühlen Grabe –
Mein Herz nahmst du mit dir, und alles, was ich habe.
Arm bleibe ich zurück, ich kene nur noch Tränen –
Nach dir – verlor'nes Glück ein unstillbares Sehnen …

Leid einer Mutter

Lautlos drängt die Nacht
sich zu mir ins Zimmer,
wo ein Licht noch wacht,
still – in reinem Schimmer.
Bebend lösch´ ich´s aus,
denn was soll´n mir Kerzen?
Draußen Nacht und Graus –
Nacht und Graus im Herzen...

Stöhnend irrt der Wind
durch die düstern Bäume,
und zerrissen sind
meine gold´nen Träume,
flattern durch die Luft –
Beutestück des Windes...
Kauern auf der Gruft
des geliebten Kindes.

Tastet sich ein Schritt
durch mein dunkles Zimmer -- ?
Kleiner Füße Tritt
hört mein Herz noch immer –
Rief mich nicht mein Kind --!
Herz und Seele lauschen....
Nein... es ist der Wind
und die Bäume rauschen....

Klein-Annchen

Die Sonne sinkt still aus der himmlischen Höh´
Und kühlet ihr Antlitz im schimmernden See.
Das Wasser rauscht leise und glitzert und schäumt –
Klein-Annchen steht schweigend am Ufer und träumt.

Da – plötzlich erbeben die Fluten empört,
wild schwanken die Wellen, im Schlummer gestört –
Ein Platschen – ein Klatschen – ein Sprung an das Land –
Da sitzt vor Klein-Annchen ein Frosch in dem Sand.

Schon hebt sie ein Füßchen im wildesten Schreck!
Laut klopfet ihr Herzchen beim Anblick des Nöck !
So grün und so garstig blickt er und so dumm –
Doch zögert das Mägtlein und wendet sich um –

So groß sind doch sonst keine Frösche im See
Mit Augen wie Gold und so grün wie der Klee?
Trägt er auf dem Kopfe nicht gar eine Kron´?
....ist´s nicht ein verzauberter Königssohn?

Klein-Annchen, du kennst doch das Märchen so gut!
Klein-Annchen, nun wappne dein Herzchen mit Mut!
Du musst ihn erlösen – gib ihm einen Kuß!
Dann ist es mit Lernen und Schule-geh´n Schluß!

Dann wirst du Prinzessin, der Frosch dein Gemahl –
Dann schläfst du in einem goldglitzernden Saal –
Dann trägst du nur Kleidchen von Seide so fein,
dann isst du von funkelnden Goldtellerlein!

Klein-Annchen,beeil´ dich! Klein-Annchen – greif zu!
Klein-Annchen, wie ängstlich – wie zaghaft bist du!

Ein einziger Kuß und ein Krönchen ist dein!
„Quak" – siehst du – nun springt er ins Wasser hinein!

Enttäuscht weint Klein-Annchen ins Wasser hinab,
dort liegen die Träume, die goldnen , im Grab –
Fort schwimmen die Röcklein, das Krönchen, der Saal –
Versunken Froschkönig, der Prinzengemahl...

Die Sonne sinkt still aus der himmlischen Höh´ -
Klein-Annchen – was starrst du hinab in den See?
Was blickst du so finster und seufzest so schwer?
„ Wie schön wär´s gewesen! Und Schuld hat nur er!"

In der Fremde

Manchmal nachts in stillen Träumen
schaut mich meine Kindheit an,
hat die blauen Märchenaugen
groß und selig aufgetan.
Und ein Lied hör´ ich sie singen,
meiner Kindertage Lied,
das durch diese fremde Kammer
wie ein Glockenläuten zieht.
Tausend süße helle Glöckchen
klingen selig in der Nacht,
und ich bin mit heimwehkrankem
Herzen jählings aufgewacht.
Über fremde, kühle Decken
streich´ ich bang´ und horche still,
ob nicht bald mit leisen Schritten
meine Mutter kommen will,
ihre guten treuen Hände
auf die Stirn mir legt – doch nein –
laß das Warten, armes Herze –
bist in fremdem Haus allein....

Was ich mir wünschte, als ich jung war.

Was ich mir wünsch´ ? Ein Häuschen klein
an einer grünen Halde
mit einem bunten Blumenhain
goldüberstrahlt vom Sonnenschein
in einem stillen Walde –

Was ich mir wünsch `? Viel Kinderlein
drei Mägdlein und drei Buben
mit herzig lieben Äugelein,
die lachen wie der Sonnenschein
so hell durch alle Stuben.

Die ganze Welt würd´es mir sein,
dies Häuschen an der Halde,
dies Häuschen voller Sonnenschein,
voll Blumen und voll Kinderlein
tief drin im stillen Walde.

Nun bin ich alt und schau´ zurück –
Das Häuschen hat´s gegeben
und auch den bunten Blumenhain
und auch drei liebe Kinderlein –
Das alles war mein Leben.

Frühlingsabend im Moor

Der Abendwind geht durch die Heide,
das Wollgras nickt ihm zu –
Er streicht durch die grünenden Birken,
legt sich im Moor zur Ruh´--

Torfhaufen stehen an Gräben
wie Hütten, krumm und alt.
Kiebitzruf tönt aus den Wiesen,
verliert sich dann im Wald.

Ich hebe den Blick in den Himmel –
Mein Herz erbebt vor Glück –
Da seh´ ich die Kraniche ziehen,
sie sind aus dem Süden zurück.

Das Land ist so weit – so voll Frieden –
Das Abendrot leuchtet und glüht,
und in den verschilften Gräben
beginnen die Frösche ihr Lied.

Ich stehe und sehe und lausche
und liebe das alles so sehr !
Ich denke – Liebe macht fröhlich ?
Warum drückt sie dann so sehr ?

Zu Hause

Birken im braunen Moore –
Wollgras zittert im Wind
Weiß und weich und so zärtlich,
Wie Watteflöckchen sind.

Die Wiese hinter dem Graben
Die ist von Klee so grün,
Ein süßer Duft liegt darüber,
Weil tausende Kleeblumen blüh´n.

Ich höre das Summen der Bienen
Wie Orgelton in der Luft,
Während vom Walde herüber
Dunkel der Kuckuck ruft..

Weit – weit spannt sich der Himmel
Über Wiese, Wald und Moor –
Dort tragen unzählige Lerchen
Ihren Jubel zu Gottes Ohr –

Schaut aus der Tannenhecke
Ein kleines Dach heraus…
Der Rauch steigt still aus dem Schornstein –
Und dort bin ich zu Haus…

Weihnacht

Der Abendstern steht überm Tannenwald
und funkelt hell. Der Himmel ist so weit –
Die stillen Wiesen ringsum glitzern kalt
in dieser tiefverschneiten Einsamkeit .

Verzaubert ruht das Moor in weißer Pracht ...
Vom nahen Städtchen weht der Glocke Schall
herüber durch die stille, heil´ge Nacht ...
Sie mahnt uns : Friede – Friede überall.

Weihnacht – Das Wort schon ist wie Glockenklang
und macht die Seele still und froh und weit –
Ich gehe den verschneiten Weg entlang
und spür´ den Flügelschlag der Ewigkeit...

Es bleibt ein Traum

Du kleines Haus – du liegst so fern,
grad' wie auf einem andern Stern –
Versunk'ner Traum im Paradiese –
Haus, Garten, Blumen, Bäume, Wiese...

Ich spür' noch deinen Heimatduft –
Ich seh' die Lerchen in der Luft,
ich seh', wenn ich die Augen schließe
Haus, Garten, Blumen, Bäume, Wiese...

Verkauftes Glück – versunk'ne Zeit....
Voll Bitternis – voll Süßigkeit
durchglühten mich Erinnerungen
und haben leis' von dir gesungen...

Novemberabend

Ein Vogel fliegt durch graues Dämmerlicht –
Blau ruht der Berg, der stille, in der Ferne –
Wie Schafe zieh´n die Wolken dicht an dicht
und decken zu den Glanz der tausend Sterne.

Die Birke schauert leis´ im Abendwind –
Gelb zittern letzte Blätter in den Zweigen.
Im Turm regt sich die Glocke und beginnt
mit tiefem Klang sich hin und her zu neigen.

Großmutter tat die müden Augen zu –
Die Hände ruhen still auf weißen Decken –
Und ihre Seele hat die ew´ge Ruh´´ ,
aus der sie keine Glocken mehr erwecken.

Mond überm Kiekenstein

Berg,
du schöner –
deine Buchen stehen silberumflossen
im Mondlicht –
Ihre uralten Gedanken
wehen über Tal und Fluß –
Kein Mensch in der dunklen Stille -
Welch ein Friede !

Versäumnis

Kindheits- und Jugendtraum
versunken in Zeit und Raum....
Vergessen der Klang der Lieder –
Wann kommt ihr wieder ?

Hab´ nicht mehr sehr viel Zeit,
trag´ schon mein Winterkleid...
Wann rauscht der Brunnen leise
die alte Weise ?

Heute

Ein neuer Tag – ein Tag in meinem Leben –
Ein Tag, der etwas will und etwas bringt,
und was er fordert, möchte ich ihm geben.
Vielleicht, dass etwas Gutes mir gelingt.

Die Zeit vergeht, verweht, zerrinnt in blauer Ferne
und was jetzt ist, wird bald schon nicht mehr sein.
Zu manchem Augenblick sagt´ ich so gerne:
Verweile noch! Sei noch ein bisschen mein!

Was kann ich tun? Ich möcht´ am Abend sagen:
Hab´ alles wohlgetan und es ist gut,
denn aus dem Zaudern wuchs ein stilles Wagen,
aus Traum ward Tat, aus Lebensangst ward Mut.

So reiht ein Tag sich leise an den andern –
Das Wörtlein „heute" ist so tief und weit,
und Tag auf Tag begleitet still mein Wandern
aus dieser Zeit bis in die Ewigkeit…

Meditation

Meine Seele ist ein tiefes Tal
voller Dunkelheit und voller Licht –
Und ich sinne ein ums andre Mal
tief hinab und find´ ihr Ende nicht.

Doch tief unten bin ich wohl zu Haus…
ganz allein und ganz mit mir vertraut,
kenne mich, wie mich kein andrer schaut –
In mir selber ruh´ ich endlich aus -

Der Junge und die Krähen

„Mutter, hörst du dort im Baume
jammervoll die Krähe schrei´n ?
Dick verschneit sind alle Felder,
sie wird sicher hungrig sein"

Mutter nickt und holt den Kasten.
nimmt das große Brot heraus.
„ Mutter, sieh – das wird nur trocken,
du hast viel zu viel im Haus. "

Mutter kennt doch ihren Jungen,
er will helfen in der Not,
und sie schneidet und sie würfelt,
füllt den Korb mit ihrem Brot.

Eilig läuft er mit dem Korbe,
und das Feld ist tief verschneit.
Viele schwarze Vögel hocken
schweigend in der Einsamkeit.

Laut ertönt nun seine Stimme:
„Raab – raab – raab – so kommt doch her!"
Und sie horchen auf und folgen –
Und es werden immer mehr.

Schwere schwarze Schwingen rauschen,
und der Junge duckt sich leicht,
und mit vollen Händen wirft er
Brot – Ob es für alle reicht?

Dunkle kluge Vogelaugen
seh´n den Jungen forschend an –
und sie sehen und begreifen,
dass man ihm wohl trauen kann.

Jede fasst nach einem Brocken,
fliegt damit ins weite Feld,
und er sieht es mit Frohlocken,
dass er nichts im Korb behält.

Eine Krähe ruft von ferne
und es klingt, als ob sie lacht,
und er denkt : Ich wüsste gerne,
warum das so glücklich macht !

Durch die Stadt im Regen

Ich mache meine Wege

durch unsre kleine Stadt.

Grau weht es um mich her,

dicht, naß, grau in grau –

Regenschleier –

Feine dichte lange Fäden –

Regen...

Eintönig summt er seinen Sang,

murmelt, gluckert, plätschert die Gosse entlang –

Regen – Regen ohne Ende –

schon viele Tage lang.

Frierend gehen die Menschen

unter ihren Schirmen.

Regen, Regen, Regen, naß, kalt, grau –

Plötzlich kullern wie kleine goldene Funken

lieblich klimpernde Töne

über die grauen, nassen Dächer herab...

Die Spieluhr ist´s, drüben vom Turm,

sendet uns ein Lied herab –

spielt : Geh´ aus, mein Herz, und suche Freud´--

Suche Freud´ ...ich habe sie grade gefunden !

Ich habe die kleinen goldenen Funken eingefangen –

Ein frohes Gefühl macht mir das Herz warm.

Suche Freud´... das Wichtigste

im täglichen Einerlei.

Ich gehe um die Straßenecke –

Dort ist der Marktplatz.

Naß und tropfend stehen dort die Platanen .

In ihrem dichten grünen Laubdach

knarrt und flötet ein Star....

Der Regen rinnt und rinnt ---

Einmal wird er aufhören, doch schon jetzt stört er mich nicht mehr.

Ein Streifen Licht –

Ein Streifen Licht an dunkler Wand ---
Es ist der Mond mit Silberschimmer,
der durch den Spalt im Vorhang fand
und leuchtet in mein dunkles Zimmer.

Ich geh´ ans Fenster, muß ihn seh´n –
Da bist du, Mond, in stiller Ferne,
in reinem Glanz, so wunderschön ....
O Mond – ich sehe dich so gerne !

Wie eine flücht´ge Wolkenschar
zieh´n durch mein Herz Erinnerungen
an eine Zeit, die glücklich war
und blühen auf....und sind verklungen....

Der Mond zieht fort. Der Streifen Licht
erlischt und ist mit ihm vergangen ....
Jedoch mein Herz vergisst es nicht,
wie süß die alten Lieder klangen ...

Im kalten Wind

Es ist wie eine leise Trauer,
der Sommer will nun von uns geh´n
und lässt wie einen gelben Schauer
die Blätter von den Bäumen weh´n.

Sie treiben fort – schwarz steh´n die Bäume
im kalten Wind und sind so leer –
Wie Blätter weh´n auch meine Träume
in graues Nichts - - und sind nicht mehr…

Abend am Kummerower See

Abendstille senkt sich auf das Land –
Jeder Baum trägt Frieden auf den Zweigen –
Auf dem See und an des Ufers Rand
seh´ ich sanfte weiße Nebel steigen.

Alle Lichter löscht der müde Tag,
geht zur Ruhe wie ein Boot im Hafen…
Lautlos und mit schwerem Flügelschlag
sucht ein Vogel seinen Platz zum Schlafen.

Naht der Nebel – hüllt den Garten ein –
Kommt die Nacht – bringt Ruhe mit und Träume -
Diesen Frieden nehm´ ich mit hinein
in mein Haus—Es flüstern leis´ die Bäume …

Kalifornien

Unter diesem hohen Himmel
wurde meine Seele weit,
und von aller Erdenschwere
fühlte ich mich wie befreit.
Wo war alles, was mich drückte ?
Nichts, was quälte, war mehr da,
und mein Herz, das frohbeglückte,
wusste nicht, wie ihm geschah !
Leichter Körper - leichte Seele –
und das Herz
so froh und weit
und ein Freuen ohne Ende !
Meine Kalifornienzeit !

San Francisco

Ich habe geträumt von einer roten Brücke
über blauem Wasser –
Darüber der Himmel wie leuchtendes Glas –
Am Ufer die Stadt –
Anmutig die Häuser zwischen bunten Blumen
und grünen Bäumen.
Der Hang gegenüber
ein waldiger Bergrücken
so grün – so grün -- so leuchtend grün !
Glanz von Sonnenlicht auf allen Blättern –
Ich atme in tiefen Zügen …
atme Anmut – Schönheit –
atme Fröhlichkeit – heiteres Leben !
Die Stadt an der roten Brücke
über blauem Wasser –
sie ist kein Traum - - kein Märchenbild –
Ich bin ja dort gewesen
in San Francisco !

Kalifornien – Gedanken unter den Mammutbäumen

Das war wohl vor tausend Jahren,
als die Samen in der Erde
spürten Schöpfers Wort „Es werde" –
sie, die so voll Sehnsucht waren.

Sehnsucht malte ihnen Träume,
malte Sonne, malte Regen,
malte milden Wetters Segen
malte herrlich hohe Bäume.

Und sie mühten sich im Dunkel
dass ihr Traum Erfüllung werde,
und sie brachen aus der Erde
hoch zu Licht und Sterngefunkel.

Tausend Jahre sind verstrichen ---
Wie die Träume sich erfüllten !
Wie sie ihre Sehnsucht stillten,
dass sie hohen Säulen glichen !

Und sie tragen ihre Kronen
hoch, dass Wolken sie umschmeicheln,
Winde ihre Zweige streicheln
und die Vögel darin wohnen.

Ich vergesse Raum und Zeit ---
Mich erfasst ein tiefes Staunen –
Leise flüstern sie und raunen
Lieder von der Ewigkeit….

Die Grillen

Der Himmel löscht die Lichter aus ….
Wie kommt so traulich leis' die Nacht –
Sie hat dem Garten und dem Haus
den Abendfrieden mitgebracht.

Ein Grillchen stimmt sein Nachtlied an
und geigt und zirpt ohn' Unterlaß
den einen Ton, den es nur kann…
Die andern Grillen hören das –

Sie stimmen ein… nun ist es schon
ein ganzer Chor, der nah und fern
mit Inbrunst übt den einen Ton ---
Du liegst im Bett und hörst es gern.

Sie geigen fort ---die halbe Nacht ?
Die ganze Nacht im Mondenschein ?
Du weißt es nicht – du schlummerst ein ---
Das Zirpen hat dich müd' gemacht.

Abendstimmung

Gerade über deinem Haus
Sah ich den Mond am Himmel droben.
Er goß sein silbrig Leuchten aus,
von weißen Wölkchen zart umwoben.

Im Baum rührt sich ein leises Rauschen - --
Sonst war nur Stille ringsumher –
Ich musste schauen – musste lauschen –
Das Herz ward mir vor Liebe schwer...

Der Brunnen

Er plätschert und murmelt ganz leise…
Es ist so ein zärtlicher Klang
wie eine uralte Weise –
Ein Flüstern den Garten entlang –

O Brunnen – dein zärtliches Rauschen
das gibt der Seele Ruh´….
Verzaubert muß ich lauschen –
Die Augen fallen mir zu….

Zurück von Kalifornien

Luftspiegelung

Manchmal ist alles mir so nah,
als läge nicht ein Ozean dazwischen.
Ich mache einen Schritt und bin schon da -
Die Zeit beginnt, sich hilfreich zu verwischen....
Ich gehe auf den weiten Gartenstufen
zum Haus hinauf, hab´Flügel an den Füßen...
„Bin wieder da !" so höre ich mich rufen
und ihr seid da, mich freudig zu begrüßen.

Dann kommt der Hund und will spazieren gehen.
Wir geh´n zum Park auf Straßen voller Sonne.
Er fühlt wie ich :" Das Leben ist so schön !"
und wirft sich in das Gras vor lauter Wonne.
--- Ein Schritt --- und ich bin da ? Wie gerne !
Durch Himmelsbläue zieht ein weißer Strich...
Du Land so hell – du leuchtest in der Ferne ---
Ich schau´ dem Flugzeug nach .... Und sehne mich ....

Lebensende

Kommt er als Freund – der Tod – und ruft mich fort ?
Ich würde aber noch so gerne bleiben
und malen, lesen, lange Briefe schreiben --
Mir ist so wohl am liebgeword´nen Ort.

Wann wird es sein ? Ein Abschied ist so schwer --
Und doch muß ich es heute schon bedenken
und tun, was sein muß und viel Liebe schenken –
Mit euch zu leben, das beglückte sehr !

Auf dem Ohlsdorfer Friedhof

Gestalten – aus Stein gehauen
im Friedhof an einem Grab –
Ich kann es mit Wehmut schauen –
der Mann fasst den Wanderstab…

Die Frau trägt Trauer im Herzen,
schwer stützt sie den Kopf in die Hand –
In dieser Frau hab´ ich mit Schmerzen
mich selber wiedererkannt …

Das bleibt....

Was bleibt von mir, wenn ich gegangen ?
Manch Bild wird an den Wänden hangen,
manch kleiner Vers, den ich geschrieben ---
Das war´s dann wohl – das ist geblieben.

Nein – das wird doch nicht alles sein –
Ein Licht bleibt noch – ein heller Schein
im Herzen meiner Lieben –
Ja – das ist dann geblieben…

Inhalt